SUR LE

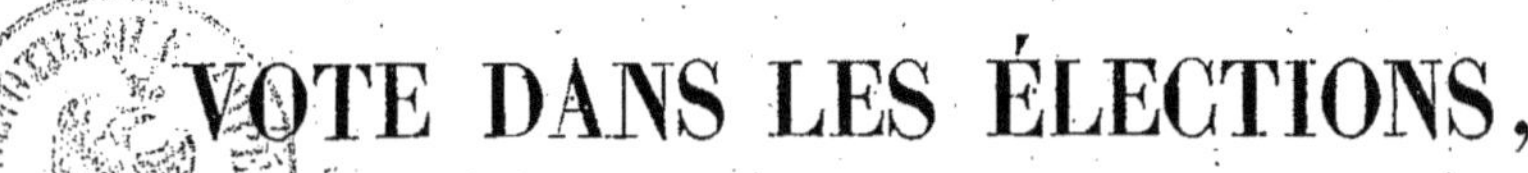

VOTE DANS LES ÉLECTIONS,

QUELLES QU'ELLES SOIENT.

Pétition

TENDANT A L'ÉTABLISSEMENT D'UNE PÉNALITÉ PÉCUNIAIRE

SUPPORTÉE

PAR CEUX QUI, SANS MOTIFS LÉGITIMES, NE SONT PAS VENUS VOTER.

Par ALEXIS GRANGER,

Électeur du 1er Arrondissement de Paris, y demeurant, rue Neuve-des-Mathurins, n° 96.

Imprimé chez Paul Renouard, rue Garancière, n. 5.

VOTE DANS LES ÉLECTIONS,

QUELLES QU'ELLES SOIENT.

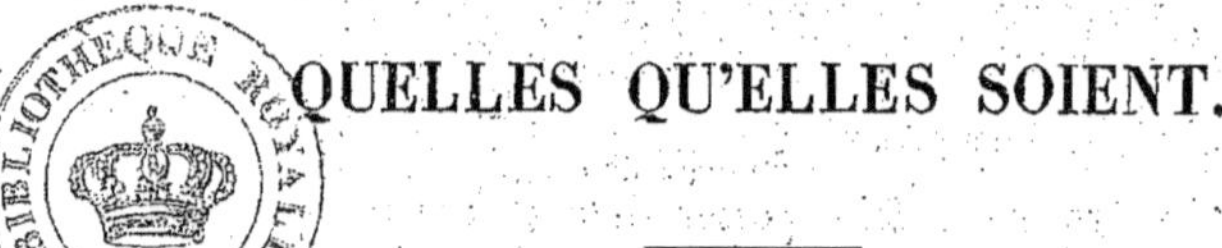

PÉTITION TENDANT A L'INTRODUCTION D'UNE PÉNALITÉ PÉCUNIAIRE
SUPPORTÉE PAR CEUX QUI, SANS MOTIFS LÉGITIMES,
NE SONT PAS VENUS VOTER.

A MESSIEURS LES MEMBRES DE LA CHAMBRE DES DÉPUTÉS.

Messieurs,

Il est rare que les lois, même les plus importantes, ne soient pas entachées de quelques imperfections, et s'il est des lois qui doivent être immuables comme la morale, il en est d'autres qu'il ne faut pas craindre de modifier lorsqu'elles se trouvent en désaccord avec l'esprit public.

Si le devoir d'un bon gouvernement est de toujours chercher à perfectionner, il est du devoir des législateurs de rectifier leur œuvre,

I

alors qu'il est démontré qu'elle est imparfaite, ou qu'elle va contre le but qu'on s'est proposé d'atteindre.

Les lois les plus vitales dans un gouvernement représentatif sont certainement celles qui donnent aux citoyens, ou à certains d'entre eux, le droit d'élire directement à certaines fonctions ou de désigner quelques noms dans lesquels le pouvoir exécutif doit forcément faire un choix; aussi, est-ce à propos de ces lois outragées chaque jour par une insigne indifférence que je viens réclamer.

Dans le principe, alors qu'on naturalisait chez nous le gouvernement qui nous régit, gouvernement de liberté dont chacun paraissait avoir soif, les législateurs qui croyaient satisfaire aux exigences de la nation, ne pensèrent pas à la possibilité de voir les électeurs devenir tellement indifférens, qu'ils oublieraient l'accomplissement de devoirs que je ne crains pas d'appeler sacrés, et ils n'introduisirent pas comme dans le jury, une peine contre celui qui, sans excuse légitime, manquerait au mandat qui lui est donné par la société tout entière! C'est contre cet oubli que je m'inscris comme le seul moyen de donner aux électeurs et aux élus une importance plus grande.

Les anciens, auxquels il faut souvent recourir lorsqu'il s'agit des grands principes, comprenaient tellement l'importance des élections, qu'à Athènes on condamnait à mort, comme usurpateur, l'étranger qui y avait pris part.

Frappés de l'indifférence coupable que je signale, vous avez déjà voulu remédier au mal en déterminant à quel nombre certaines élections pouvaient avoir lieu; mais, permettez-moi de vous le dire, Messieurs, vous avez été préoccupés par l'idée de rendre une élection possible, et moi, je suis dominé par le désir de la rendre aussi vraie que possible.

Les meilleurs législateurs sont ceux qui n'ont pas sacrifié aux vices de la nation à laquelle ils ont donné des lois, et si le vice inhérent à la nation française est l'indifférence, il faut le combattre.

Que diriez-vous d'un législateur qui, trouvant un peuple adonné au vol ou à l'ivrognerie, ferait des lois qui favoriseraient ces vices.

Mais, avant tout, il faut que les électeurs quels qu'ils soient, sachent qu'ils ont un devoir à remplir lorsque la loi les appelle à une élection quelconque, qu'une impossibilité légale peut seule les en affranchir et qu'ils reviennent d'une erreur commune qui, jusqu'alors, les a portés à croire qu'ils exerçaient un droit.

Si l'institution du jury est dans toute sa vigueur, malgré la grande gêne qu'elle cause souvent à ceux qui sont appelés à remplir ce devoir pendant quinze jours et souvent à quinze lieues de leur domicile, il faut reconnaître que cela tient à l'amende de 500 fr. infligée à celui qui n'obéit pas à la loi.

Si, dans les assemblées commerciales industrielles ou financières on s'assure du nombre en donnant des jetons de présence, il y a là un enseignement qui ne doit pas être perdu, le remède est trouvé, il faut infliger une amende pécuniaire à ceux qui, sans excuses légitimes, ne seront pas venus voter.

Sans doute, ceux qui sont appelés à décider de l'honneur, de la vie et de la liberté d'un citoyen, exercent un ministère imposant et terrible; sans doute, il faut déplorer à jamais les erreurs de la justice, et avoir toujours présent à l'esprit l'article 342 du code d'instruction criminelle. Sans doute, l'erreur du jury est irréparable; mais il ne s'agit jamais que d'un individu, d'une famille dont le deuil mérite toute la sympathie des hommes honnêtes; mais qu'est-ce qu'une famille, un individu, comparativement à la société tout entière!

La mission de l'électeur est d'une bien autre importance; car il a mandat de choisir l'homme le plus capable, le plus honnête, et son erreur ne frappera pas un individu, mais la société tout entière, et son absence peut faire pencher la balance en faveur d'un factieux, et si ce factieux, inviolable à moins d'un flagrant délit, est un génie malfaisant, il pourra troubler le pays, le tromper, faire appel à ses mauvaises passions, et préparer le retour de temps d'exécrable mémoire; s'il a fait choix d'un ignorant, son vote pourra aider à l'adoption de mesures ruineuses, et si l'indifférence se joint à l'ignorance, les libertés peuvent être compromises.

Ce serait une puérilité que de vouloir faire ressortir l'importance de la Chambre des Députés dans notre gouvernement; mais vous conviendrez avec moi, Messieurs, que si vous êtes un des trois pouvoirs de l'état, n'empruntant votre lustre qu'à vous-mêmes, on ne saurait prendre trop de précautions pour augmenter votre importance et la sincérité de votre représentation aux yeux des masses.

Ce que je demande pour les élections de député, je le réclame pour toutes les fonctions dévolues par l'élection, parce que ces fonctions gratuites ne peuvent trouver de force que dans une honorable unanimité, et que, rouages indispensables de notre grande machine gouvernementale, on doit tout faire pour en assurer la force et la durée.

En déterminant à quelles conditions on serait électeur, la loi n'a pas voulu créer un privilège, car les privilèges s'accordent aux individus, et, dans l'espèce, on ne s'est occupé que de la position, abstraction faite des personnes.

La Charte ayant dit que l'impôt serait voté par la Chambre des Députés, il fallait bien déterminer à quel titre on serait député, à quel titre on serait électeur; ces résolutions une fois prises, il y a eu droit pour la nation et devoir pour l'électeur, parce que son concours est devenu indispensable à la marche et à la forme de notre gouvernement.

En France, où nous prenons notre légèreté pour de l'indépendance et l'égoïsme pour de la fermeté, nous ne faisons que ce qu. nous sommes forcés de faire, ou ce que nos passions nous commandent; et, permettez-moi de vous le dire, Messieurs, le jour où l'on s'est contenté d'un certain nombre pour faire une élection, on a porté une grave atteinte aux mœurs publiques, l'on a été contre le but qu'on se proposait d'atteindre.

En examinant toutes nos lois électorales, on est frappé d'un manque d'uniformité dans la manière dont on procède à toutes les élections; et l'on cherche vainement la cause de toutes ces divergences : car il semble que chacun, dans sa sphère d'activité, a besoin d'une égale importance.

Voici dans quelles proportions les suffrages sont exigés pour qu'il y ait élection :

1° *Députés.*

Il faut un tiers plus un des électeurs inscrits, et moitié plus un des suffrages, équivalant à un sixième.

2° *Conseil général des départemens et conseillers d'arrondissement.*

Comme pour les députés, un sixième.

3° *Conseil général du département de la Seine.*

Moitié plus un des électeurs inscrits; moitié plus un des suffrages, équivalant à un quart.

4° *Maires de Paris et des départemens.*

Majorité absolue seulement des suffrages exprimés.

S'il faut juger de l'importance des fonctions par le nombre d'électeurs et par la quantité de suffrages exigés pour qu'il y ait élection, les fonctions de membre du conseil général de la Seine seraient les plus importantes : car, pour qu'il puisse y avoir élection, il faut moitié plus un des électeurs inscrits, et moitié plus un des suffrages exprimés. Il n'est pas inutile de remarquer encore que la liste des électeurs appelés à voter est plus nombreuse que la liste des électeurs appelés à élire un député, ainsi qu'on peut s'en convaincre par l'art. 3 de la loi du 20-23 avril 1834.

Quant aux maires, on est moins exigeant : on ne demande que la majorité des suffrages exprimés sans s'inquiéter du nombre d'électeurs. Ainsi, pour les maires, on peut ne pas se gêner; quelques personnes peuvent faire leur élection !

Ne trouvez-vous pas, Messieurs, qu'il est déplorable d'abandonner ainsi l'élection d'un magistrat aussi important ? Quelle peut être la puissance morale de celui qui aura été choisi par deux ou trois individus ? Quel respect aura-t-on pour des fonctions dont la loi n'a pas indiqué l'importance en entourant son élection de précautions et d'exigences, qui démontrent l'utilité de cette magistrature.

Si, maintenant nous en arrivons à examiner la loi électorale qui régit la garde nationale, nous y verrons que la loi du 14 juillet 1837 n'a remédié à rien ; cette loi a été rendue dans le même esprit que toutes les autres lois électorales, et les gardes nationaux montrent dans leurs élections une indifférence que leur enseigne en quelque sorte la loi qui les régit.

Comme l'expérience avait démontré qu'il était rarement advenu qu'une majorité imposante eût pris part aux élections de compagnie de la garde nationale, la loi du 14 juillet 1837 a été rendue pour dire, art. 14 : que lorsqu'il s'agira d'élections partielles, il faudra un tiers plus un des gardes nationaux, et qu'en absence de ce tiers plus un, les élections seront faites par les officiers, sous-officiers, caporaux et délégués; mais comme la loi ne leur a pas imposé l'obligation

d'aller voter, il suit que l'élection peut être faite par un ou deux individus ; ainsi que cela a eu lieu dans un arrondissement de Paris, où
deux gardes nationaux qui avaient seuls répondus à l'appel, ont *tiré
au doigt mouillé* à qui donnerait sa voix à l'autre !!...

Pour qu'il n'y ait aucune équivoque, l'art. 14 de la loi de 1837 a
soin de vous dire : « Sauf le cas d'élections générales ou de dissolution,
« lorsque les gardes nationaux seront convoqués pour une élection ,
« celle-ci ne sera valable qu'autant qu'un tiers plus un des gardes na-
« tionaux y aura pris part, etc. »

Ceci mérite d'être remarqué, Messieurs, car lorsqu'il s'agit de
nommer à tous les grades, on n'exige pas de nombre. Pour le grade
regardé comme le moins important, on exige le tiers plus un des
membres de la compagnie. Si ce tiers plus un ne se présente pas, l'é-
lection confiée aux officiers, sous-officiers, caporaux et délégués
peut-être faite par un ou deux d'entre eux seulement, puisque la loi
ne leur impose pas l'obligation de venir et que, par là, se trouve
éludée et détruite la précaution prise par l'art. 14 de la loi du 14
juillet 1837.

Partout, comme on peut le remarquer, le législateur, loin de remédier à la tiédeur coupable dont il avait été frappé, a substitué
un mal à un autre et n'a rien déraciné.

Je vous ai fait voir une élection se faisant au doigt mouillé entre
deux individus, souffrez que je vous rappelle aussi la scandaleuse
élection de Carcassonne. On était en droit de supposer qu'à Paris et
dans le département de la Seine les électeurs s'empresseraient de répondre à l'appel qui leur serait fait, il n'en a rien été cependant, car,
en 1839, à Saint-Denis, les électeurs ont été convoqués trois fois
pour nommer un membre du conseil général ; et à Paris, en 1840,
dans le deuxième arrondissement, la nomination d'un membre du
conseil général n'a pu avoir lieu qu'après deux convocations !

Si l'on examine ce qui vient de se passer dans divers pays où le régime constitutionnel a été introduit, on pourrait en quelque sorte et jusqu'à un certain point désespérer du système électif; car, à Madrid, sur 49,000 électeurs, 200 seulement se sont présentés; en Danemark, sur 1,641 électeurs, il n'en est venu que 940; dans le duché de Holstein, il n'en est pas venu le quart; et en France, depuis 1830, la moitié des électeurs n'a pas pris part aux élections.

Si l'on n'arrive pas à faire passer dans nos mœurs le système électif en introduisant la clause pénale pécuniaire, la seule capable de remédier aux maux que je signale, je prédis que le despotisme viendra de nouveau détrôner nos franchises.

Je dis viendra de nouveau, parce qu'en lisant les chroniqueurs et surtout l'excellent ouvrage de l'abbé Dubos, chap. 11, livre 6, on voit que la France possédait des franchises qui remontaient aux empereurs, et que, sous les derniers rois carlovingiens et sous Hugues Capet, il arriva que les ducs et les comtes, abusant de la faiblesse du gouvernement, convertirent dans plusieurs contrées leurs commissions, qui n'étaient qu'à temps, en des dignités héréditaires, et qu'ils se firent seigneurs propriétaires des pays dont l'administration leur avait été confiée par le gouvernement.

Les successeurs de Hugues Capet, persuadés avec raison que le meilleur moyen de rétablir la Couronne dans les droits qu'elle avait perdus, était de mettre le peuple en état de recouvrer les siens, accordèrent aux villes qui étaient capables de les faire valoir, des chartes de commune, qui leur donnaient le droit d'avoir une espèce de sénat ou assemblée, composée des principaux habitans, nommés et choisis par leurs concitoyens pour veiller aux intérêts communs, lever les impôts, rendre ou faire rendre la justice, voire même une milice réglée, où toutes les personnes libres étaient enrôlées.

Toutes ces franchises se perdirent successivement par suite de no-

tre mollesse et de notre légèreté, ainsi que l'usage d'assembler les
états généraux, dont les dernières réunions eurent lieu en 1560,
1576, 1588, 1614, enfin celle de 1626, convoquée par le cardinal
de Richelieu pour accroître son crédit.

Ce ne fut que le 22 février 1787 et 6 novembre 1788 que ces assemblées furent réunies de nouveau, preuve évidente, ainsi que je
l'ai dit plus haut, que la nation avait laissé usurper ses droits, qu'on
fut forcé de lui rendre, à cause de l'état déplorable des affaires.

Et cette nation, qui s'était montrée si jalouse et si fière de ses franchises, nouvellement reconquises, supporta sans se plaindre le despotisme de Napoléon, oubliant ce que leur conquête lui avait coûté de
misère et de sang.

En y réfléchissant un moment, vous direz avec moi que l'avenir
du pays est dans le corps électoral, comme son existence et nos franchises sont dans la clause pénale; sans elle point de salut.

Que l'expérience nous serve au moins une fois à quelque chose, et
que l'on ne puisse pas dire que dans un pays où tant de fonctions
sont le fruit de l'élection, l'on n'a rien fait pour en assurer la sincérité
et la durée.

Déjà, Messieurs, dans diverses lois, vous avez posé le principe du
devoir, ainsi que je vais vous le rappeler, et dans d'autres aussi, vous
avez introduit la clause pénale pécuniaire; et vous l'eussiez intro-
duite, j'en suis convaincu, là où elle n'est pas encore, si vous aviez
été aussi éclairés que vous devez l'être aujourd'hui. D'ailleurs, ne
peut-on pas dire que si le député est le mandataire des électeurs, les
électeurs, à leur tour, sont les mandataires de la société tout entière?
Et si en matière civile le mandataire est tenu, d'après les art. 1991
et 1992, d'accomplir le mandat qui lui est donné et répond même
des fautes qu'il commet dans sa gestion, n'est-il pas juste, alors qu'il

s'agit d'intérêts généraux, d'appliquer les principes qui dominent en matière de mandat? Et lorsque la loi civile frappe avec rigueur tous ceux qui portent dommages à autrui, la loi politique n'aura-t-elle pas aussi la pénalité contre ceux qui n'exécutent pas le mandat qui leur est donné dans l'intérêt de tous?

La loi du 19 avril 1831, art. 18, enjoint aux préfets d'inscrire à partir du 1er juillet de chaque année, sur les listes électorales, les citoyens qu'ils reconnaîtront avoir acquis les qualités requises par la loi.

Les art. 24 et 25 de la même loi indiquent comment on peut se faire rayer, si l'on a été indûment inscrit; comment on peut se faire inscrire si l'on a été oublié; comment un tiers peut faire rayer ou inscrire ceux qui ont été oubliés ou indûment inscrits.

Ces obligations du préfet, ce droit de se faire rayer ou inscrire établissent, à n'en pas douter, que l'électeur remplit un devoir qui est la conséquence de sa position sociale, et s'il est du devoir du préfet d'inscrire, il est du devoir de l'électeur d'aller voter en son âme et conscience, comme il est du devoir du citoyen inscrit sur les contrôles de la garde nationale de faire le service pour lequel il est commandé.

« L'art. 19 de la loi du 20 avril 1834 sur l'organisation du conseil
« général et municipal de Paris, dispose que lorsqu'un membre du
« conseil a manqué à une session ordinaire et à trois convocations
« extraordinaires consécutives sans excuses légitimes ou empêche-
« mens admis par le conseil, il est déclaré démissionnaire par un
« arrêté du préfet, et il sera procédé à une nouvelle élection.»

Nouvelle preuve que tout ce qui tient à l'élection ou en est la conséquence, a été avec juste raison considéré comme un devoir; et il n'en pouvait être autrement, car qui veut la fin veut les moyens.

Quant à la clause pénale pécuniaire, je la trouve dans l'art. 14 de la loi du 22 mars 1831 sur l'organisation de la garde nationale, qui condamne à 5 fr. d'amende le membre du conseil de discipline qui n'aura pas été valablement excusé de son absence.

Je la trouve encore dans l'art. 6 de la loi du 14 juillet 1837 sur la garde nationale, qui permet une amende de 5 à 15 francs contre le membre du jury de révision absent sans motifs légitimes.

Partout la clause pénale pécuniaire a produit son effet; et c'est ici le seul moyen auquel vous puissiez avoir recours, car les électeurs tenant leur position politique de leur fortune plus ou moins grande, il faut les frapper dans ce qu'on peut atteindre et qu'ils possèdent réellement.

Quelle que soit la loi que l'on fasse un jour, je tiens, s'il y a élection, qu'il sera toujours indispensable d'y introduire une peine pécuniaire et qu'il faut se hâter de l'introduire dans toutes les lois électorales sous l'empire desquelles nous sommes aujourd'hui, et le pays vous glorifiera d'avoir été les premiers à jeter les germes de mœurs publiques qui nous manquent.

Mon moyen doit plaire à ceux qui invoquent un système plus large d'élection, car il aura pour résultat immédiat d'amener moitié plus de citoyens dans les collèges électoraux; de plus, *il ne touche en rien aux lois existantes; il en assure seulement l'exécution.*

J'ai fait le juge de paix juge suprême de toutes les contraventions à la loi que je propose, parce que j'ai pensé à rendre le déplacement le moins dispendieux possible, et que le juge de paix du canton est à même de se procurer facilement les renseignemens propres à éclairer son jugement.

Quant à l'objection que les juges de paix ne connaissent en dernier ressort que jusqu'à la valeur de 100 fr. seulement, je ne la crois pas sérieuse. Leurs attributions se trouveront augmentées de tout ce

qui a trait à l'élection, et en matière d'élection seulement, ils juge-
ront jusqu'à 500 fr.

Je vais examiner maintenant quels peuvent être les cas qui se pro-
duiront par suite de la nécessité où chacun sera de venir voter.

Trois cas peuvent se présenter :

On ne votera pas.

Un billet blanc sera déposé dans l'urne.

On refusera de prêter serment.

A celui qui ne sera pas venu voter, on comprend que l'on fera
l'application de la pénalité, c'est là tout ce qu'on pourra faire, car, je
ne comprends pas les moyens de contraindre un homme en pareil cas.

Mais, diront quelques personnes qui s'effraient sans raison, comment pourrez-vous juger 7 à 800 individus qui, dans certains arron-
dissemens de Paris, n'ont pas pris part aux élections?

La réponse est facile : d'abord vous n'aurez pas 800 individus à
juger, attendu que la pénalité fera venir ceux qui jusqu'à présent ont
été indifférens ; et je peux attester qu'ils viendront, car ces retarda-
taires sont les hommes les plus doux, les moins offensifs du corps
électoral tout entier, et s'ils se sont abstenus jusqu'à ce jour, ce n'est
pas par esprit de mutinerie, mais par indolence, par insouciance.

Mais vos élections se sont faites, jusqu'à ce jour, ne manquera-t-on
pas de répondre; pourquoi vouloir faire voter des hommes qui ne
paraissent pas indispensables, l'élection s'est faite sans eux, elle peut
très bien continuer sans leur concours?

Quoi, vous avez dit que 200,000 électeurs n'étaient pas suffisans
pour représenter un grand pays comme la France? il est démontré
que la moitié de ces électeurs n'a pas pris part aux élections, on vous
propose un moyen de rendre toutes les élections aussi sincères, aussi

nombreuses que possible, en forçant 100,000 électeurs à venir déposer leur vote, et vous croyez que la mesure n'est pas utile? Si vous restez dans votre croyance, ne vous plaignez plus de l'exiguïté du nombre, ne dites plus que l'élection est un mensonge et ne protestez plus de votre attachement à nos franchises et à notre constitution.

Si l'on proposait de rayer de la liste électorale celui ou ceux qui ne se seraient pas présentés, je répondrais : Que ce serait aller contre le but qu'on se propose d'atteindre, celui d'amener les citoyens à comprendre toute l'importance de nos institutions, toute l'étendue de leurs devoirs; que ce ne serait pas améliorer, mais détruire. Autant vaudrait rayer du contrôle de la garde nationale celui qui a manqué à sa garde, le juré qui ne s'est pas présenté, etc.

Si l'on disait que nos élections sont de plus d'un genre, et que cela nécessitera des dérangemens fréquens, je répondrais : Que ces dérangemens ne seront ni plus ni moins fréquens, mais qu'ils seront supportés par tous les électeurs, au lieu de l'être par un petit nombre d'entre eux; que même, ils seront moins fréquens, attendu qu'une élection ne sera jamais remise.

Si, abusant des mots d'honneur et de liberté, on venait réclamer contre mon système, je répondrais : Que l'honneur consiste à remplir son devoir quel qu'il soit, et à plus forte raison, lorsqu'il s'agit des intérêts de son pays; que la liberté n'a rien à faire ici, car elle n'est pas entravée, mais dirigée.

Le billet blanc ou un vote nul se reproduit dans toutes les élections; ce ne serait donc pas la conséquence du mode proposé.

Mais si par aventure, il se présentait un candidat anarchique, les votes seraient significatifs, parce que l'intérêt personnel, que l'on oublie rarement, viendrait décider les indifférens en faveur de celui qui n'ayant pas toutes leurs sympathies politiques, aurait cependant leur estime comme homme.

Quant au refus de serment, on pourrait le considérer comme une absence non justifiée.

J'ai conservé l'amende de 5oo francs comme maximum dans toutes les élections, parce que la culpabilité est plus ou moins grande, eu égard à la qualité de la personne et à sa fortune ; mais je pense qu'il faudrait se garder de trop abaisser le minimum, surtout dans les élections auxquelles ou concourt par suite de sa position de fortune, attendu que la malice est grande à notre époque, et qu'on pourrait bien rester chez soi si, tout calcul fait, on trouvait que l'amende est moins coûteuse que le déplacement. Peut-être faudrait-il aussi, pour être complètement juste, élever la pénalité pour les électeurs de la localité, attendu qu'en ne venant pas voter, ils sont plus coupables que ceux qui sont obligés de faire un trajet plus ou moins long pour se rendre au collège électoral.

Quant à la garde nationale, j'ai mis le minimum à 5 fr., parce que si les fonctions sont aussi honorables, elles sont déférées cependant par beaucoup de citoyens qui sont loin d'être dans une position sociale aussi heureuse et aussi élevée que tout ou partie de ceux qui sont appelés à nommer les députés, les membres du conseil général, les maires, les conseillers municipaux, les conseillers d'arrondissement ou autres ; mais comme dans les rangs de la garde nationale ces hommes éminens en fortune ou en position sociale se trouvent aussi compris, je laisse le maximum de la peine pécuniaire.

Voici, Messieurs, pour rendre toute ma pensée, comment je formulerais la loi si j'avais l'honneur de siéger sur vos bancs, et je me plais à croire que vous ne me tiendrez compte que de l'intention, laissant à de plus habiles le soin d'une rédaction plus complète.

ART. Ier.

A l'avenir et à dater de la promulgation de la présente loi, toutes

les élections, de quelque nature qu'elles soient, se feront à la majorité
absolue des suffrages, lorsqu'il s'agira de nommer un seul candidat.

ART. 2.

Après deux tours de scrutin, si aucun des candidats n'a obtenu
la majorité absolue, le débat s'établira entre les deux qui auront eu
le plus de voix, et l'élection aura lieu à la majorité absolue des
suffrages exprimés. En cas de partage, l'élection sera acquise au
plus âgé.

ART. 3.

Tous les citoyens appelés à prendre part à une élection devront
se présenter au lieu indiqué pour retirer leur carte, s'il doit leur en
être remis une, et prendre part à toutes les opérations du collège
électoral dont ils font partie, et dans la section dans laquelle ils sont
inscrits.

ART. 4.

S'il s'agit de garde nationale ou de toute autre élection pour laquelle il n'est pas délivré de cartes, chaque citoyen convoqué dans
les formes ordinaires pour ces élections, devra se rendre au lieu
indiqué, pour prendre part à toutes les élections, même pour le
grade le moins élevé.

ART. 5.

Pour toutes les élections autres que celles de garde nationale,
celui qui n'aura pas été voter sera condamné à une amende qui ne
pourra pas être moindre de 100 francs et plus forte que 500 francs.

ART. 6.

Celui qui refusera de prêter serment sera condamné à une amende
qui ne pourra être moindre de 100 francs et plus élevée que 500
francs.

ART. 7.

Le manquement à une seule opération sera puni de la même amende que ci-dessus, art. 5 et 6, sauf le cas d'excuse légitime.

ART. 8.

S'il arrivait que les opérations dussent recommencer par un des cas prévus par les lois qui régissent actuellement l'élection dont il s'agirait, la même peine sera encourue de nouveau par celui qui, ayant manqué déjà, manquerait une seconde fois.

Toutefois, celui qui aura manqué à une des opérations pourra cependant prendre part aux autres élections, sans que cela puisse le racheter de l'amende encourue, ainsi qu'il est dit art. 7.

ART. 9.

Le garde national qui n'aura pas répondu à la convocation qui lui aura été faite pour les élections générales ou partielles, sera condamné à une amende qui ne sera pas moindre de *cinq* francs et plus élevée que 500 francs.

ART. 10.

Le procès-verbal de chaque élection contiendra les noms de tous ceux qui auront failli d'une manière quelconque. Ce procès-verbal sera signé par le président et les scrutateurs, dont les signatures seront légalisées par le maire de l'arrondissement, si l'élection a lieu à Paris.

Si l'élection a lieu en province, les signatures seront légalisées par le maire de la localité où se fera l'élection.

ART. 11.

Les préfets enverront dans la huitaine, au juge de paix de chaque arrondissement, les procès-verbaux dont il vient d'être fait mention, et ce dernier, dans la huitaine de leur réception, devra faire assigner par devers lui, par l'huissier de la justice de paix et à la requête du préfet, tous les individus mentionnés dans les procès-verbaux.

ART. 12.

Les excuses légitimes seront l'absence, la maladie. Toutefois, elles ne seront admises que sur des preuves authentiques.

ART. 13.

L'absence se prouvera par un certificat du maire de la commun où l'on aura été forcé de séjourner, par un passeport pour la France ou pour l'étranger, légalisé par les autorités compétentes.

ART. 14.

La maladie se prouvera par un certificat de médecin, légalisé par le maire de la commune dans laquelle résidait le malade.

ART. 15.

Tous les jugemens seront sans appel.

Il sera loisible au juge de paix d'accorder un délai suffisant pour fournir les pièces qu'il aurait été impossible au prévenu de se procurer dans l'intervalle de l'assignation.

ART. 16.

À Paris, les fonds provenant des amendes seront versés dans la caisse municipale de chaque arrondissement, au profit des pauvres.

ART. 17.

En province, les fonds seront versés, dans les villes, dans la caisse municipale; et pour les communes rurales, dans la caisse du percepteur du canton, au profit des pauvres des villes et communes dans lesquelles habiteront ou auront fait élection de domicile, les personnes qui auront été condamnées à l'amende.

ART. 18.

La liste de toutes les personnes condamnées sera affichée, pendant huit jours, à la porte de toutes les municipalités de l'arrondissement, et à Paris, à la porte de toutes les municipalités.

ART. 19.

La clause pénale pécuniaire étant applicable à toutes les élections, de quelque nature qu'elles soient, des ordonnances régleront la quotité du minimum qui pourra être appliqué, soit aux institutions actuellement existante et non comprises dans la présente loi, soit, à l'avenir. à toutes les lois, ordonnances ou réglemens qui introduiraient l'élection.

Le maximum, à moins d'une loi nouvelle, sera toujours de 500 fr.

ART. 20.

Ceux qui se présenteront dans un état d'ivresse ou dans une tenue peu décente, devront, sur la résolution du bureau, être expulsés de la salle d'assemblée ; mais ils pourront se représenter avant la fin de la séance et déposer leur vote, si le bureau les y autorise.

Faute d'autorisation, ils seront considérés comme n'étant pas venus déposer leur vote et passibles de l'application des articles 5 et 6.

Quant à vous, Messieurs, dont le retour dans cette Chambre n'est pas douteux, vous vous préparez un triomphe plus éclatant en prenant ma supplique en considération ; vous donnerez par là plus de force à nos institutions et plus d'importance utile aux élus quels qu'ils soient.

J'ai l'honneur d'être avec respect, Messieurs, votre serviteur ,

A. GRANGER,

Electeur du 1er arrondissement de Paris, y demeurant, rue Neuve-des-Mathurins, n° 96.